Тхинь Ву Тоан
Ан Дао Тхи Минь

Качество жизни среди пожилых людей, живущих в городских условиях, Вьетнам

Тхинь Ву Тоан
Ан Дао Тхи Минь

Качество жизни среди пожилых людей, живущих в городских условиях, Вьетнам

ScienciaScripts

Imprint

Any brand names and product names mentioned in this book are subject to trademark, brand or patent protection and are trademarks or registered trademarks of their respective holders. The use of brand names, product names, common names, trade names, product descriptions etc. even without a particular marking in this work is in no way to be construed to mean that such names may be regarded as unrestricted in respect of trademark and brand protection legislation and could thus be used by anyone.

Cover image: www.ingimage.com

This book is a translation from the original published under ISBN 978-3-330-34805-9.

Publisher:
Sciencia Scripts
is a trademark of
Dodo Books Indian Ocean Ltd. and OmniScriptum S.R.L publishing group

120 High Road, East Finchley, London, N2 9ED, United Kingdom
Str. Armeneasca 28/1, office 1, Chisinau MD-2012, Republic of Moldova, Europe
Printed at: see last page
ISBN: 978-620-7-39417-3

ОГЛАВЛЕНИЕ

ИСТОРИЯ

Несмотря на то, что Вьетнам находится в периоде золотой структуры населения, имеющей свои преимущества и вызовы, мы сталкиваемся с некоторыми проблемами, связанными с увеличением числа пожилых людей. Статистические результаты Обследования уровня жизни домашних хозяйств Вьетнама показали, что число пожилых людей быстро растет с 1979 года: 3,71 миллиона человек, включая мужчин и женщин в возрасте 60 лет и старше, составляли 6,9% всего населения, но в 2009 году их число достигло 7,72 миллиона, что составило 9% всего населения, а к 2020 году во Вьетнаме будет более 12 миллионов пожилых людей [1].

Качество жизни (QoL) пожилых людей является предметом озабоченности в развивающемся обществе. QoL - это многомерная концепция, в значительной степени субъективная и, согласно рекомендациям Всемирной организации здравоохранения (ВОЗ), измеряемая в четырех основных областях, включая физическую, психологическую, социальную и экологическую области [2-7]. QoL имеет свои особенности в различных экономических регионах, определенных социокультурных областях. Чем выше возраст, тем ниже QoL [8].

Ханой - один из крупнейших городов Вьетнама с развитой экономикой, многолюдным населением, в котором многие вьетнамские семьи, состоящие из 2-3 поколений, живут вместе. На качество жизни пожилых людей в Ханое после выхода на пенсию часто влияет множество факторов, таких как домашняя экономика, отношения с супругами и детьми, общество, физическое здоровье, психическое здоровье, медицинская система... Тем не менее, существует не так много исследований, в которых анализируется, насколько эти факторы влияют на качество жизни пожилых людей, особенно среди пожилых людей, живущих в городских районах Ханоя. Хотя были проведены исследования QoL вьетнамских пожилых людей [9-13], нет исследований QoL пожилых людей, живущих в городских районах крупных городов.

Поэтому данное исследование под названием **"Факторы, связанные с качеством жизни среди пожилых людей в городских условиях, Вьетнам"** ставит своей целью:

1.   *Описать качество жизни пожилых людей, проживающих в одной из городских коммун - город Ханой, 2012 г.*

2.   *Описать детерминанты качества жизни среди пожилых людей, проживающих в одной из городских коммун - Ханой, 2012 г.*

ГЛАВА 1
ОБЗОР ЛИТЕРАТУРЫ
1.1. Обзор пожилых людей, качество жизни
1.1.1. Концепция пожилых людей

Термин "пожилой" используется для описания человека, который считается пожилым, имеет слабое здоровье и с меньшей вероятностью будет работать. Это понятие рекомендуется использовать вместо термина "пожилой", чтобы избежать стигмы, поскольку в действительности часть пожилых людей все еще находится в хорошем физическом и психическом состоянии и участвует в экономической деятельности, чтобы вносить свой вклад в доход [14].

Как и многие вестернизированные концепции, большинство развитых стран приняли хронологический возраст 65 лет в качестве определения пожилого или престарелого человека, что не адаптируется больше времени, связанного с возрастом, в котором можно начать получать пенсионное пособие. Хотя на данный момент не существует стандартного числового критерия, принятого ООН, для обозначения пожилого населения используется возрастная граница 60 лет и старше [15, 16].

Согласно определению трудового законодательства Вьетнама, пенсионный возраст для мужчин составляет более 60 лет, для женщин - от 55 лет и выше [17]. В данном исследовании мы использовали постановление о пожилых людях, изданное Председателем Национального собрания от 28th апреля 2000 года, пожилыми считаются граждане Социалистической Республики Вьетнам от 60 лет и старше [18].

1.1.2. Качество жизни

Группа по качеству жизни Всемирной организации здравоохранения (WHOQOL; 1998) определила QoL как "восприятие индивидом своего положения в жизни в контексте культуры и системы ценностей, в которых он живет, и в связи с его целями, ожиданиями, стандартами и проблемами" [19, 20]. Термин "QoL" является многомерной гранью [7]. Поэтому при анализе показателей QoL необходимо учитывать аспекты исследований с множеством различных критериев. В исследовании, проведенном среди китайских пожилых людей, перенесших инсульт, были определены четыре димензии QoL, включая:

- *Физическое здоровье*: показатели болезни и признаки, связанные с болезнью

- *Функциональное здоровье*: показатели самообслуживания, физических упражнений, уровня активности и способности выполнять роль в семье и на работе

- *Психологическое здоровье*: показатели когнитивных функций, эмоционального состояния

(особенно депрессия после инсульта), общее представление о здоровье, удовлетворенности жизнью и счастье

- *Социальное здоровье*: показатели количества и качества общения и социального взаимодействия [7].

В области социальной гериатрии наиболее популярной концепцией считается определение QoL Джорджа и Беронса. По мнению этих авторов, QoL включает четыре ключевых показателя, из которых первые два показателя играют объективную роль, а последние два отражают субъективную оценку человека:

- *Функционирование организма и общее состояние здоровья*

- *Социально-экономический статус*

- *Удовлетворенность жизнью*

- *Самооценка*

Хотя эти авторы не доказали, что четыре вышеперечисленных показателя являются полноценными при оценке QoL, они настаивали на том, что это четвертый важный аспект из многих составляющих термина QoL [21].

Исследование взаимосвязи между информационными технологиями и QoL, концептуальная схема анализа QoL, включающая пять аспектов с достаточно подробными показателями, разработанная автором Anderson:

- *Физическое благополучие*: здоровье, физическая форма, мобильность и личная безопасность

- *Материальное благополучие*: владение, качество жилья, финансы/доход, еда/питание, транспорт, частная жизнь, безопасность; стабильность/стаж

- *Социальное благополучие*: друзья и социальная жизнь, участие в жизни общества, межличностные отношения, домашняя жизнь, родственники, деятельность и события, принятие и поддержка

- *Эмоциональное благополучие*: самооценка, вера/убеждения, самореализация, статус/уважение, удовлетворенность домом/работой, позитивный аффект

- *Развитие и деятельность*: работа, образование, домашняя жизнь/работа, досуг/хобби, компетентность/независимость, продуктивность/вклад, выбор/контроль [22]

В исследовании, посвященном оценке КЖ среди пожилых людей, проживающих в сельской местности Бангладеш, Ян Нильссон и соавт. на основе обобщения шестнадцати инструментов измерения КЖ, имеющихся в мире, обобщили шесть аспектов измерения КЖ пожилых людей, включая:

Физическое измерение: в основном связано с повседневной деятельностью пожилых людей, такой как способность к передвижению и другие функции, такие как слух, зрение, речь, гигиена, одевание, питание и т.д.

- *Психологическое измерение*: это в высшей степени субъективный показатель, в основном сконцентрированный на оценке индивидами вопросов, связанных с удовлетворенностью, самооценкой, ощущением отсутствия здоровья и трудоспособности и т.д.

- *Социальное измерение*: включает в себя как субъективные, так и объективные показатели, в основном касающиеся социальных отношений пожилых людей

- *Духовное измерение*: это субъективный показатель, в основном относящийся к проблеме того, как личные убеждения при столкновении с трудностями в жизни

- *Экономическое измерение*: в основном связано с экономическим статусом человека, таким как финансовые трудности, беспокойство о деньгах, финансовая удовлетворенность, род занятий, количество рабочих часов в неделю и т.д.

- *Экологическое измерение*: связано с вопросами личной безопасности, удовлетворенности условиями проживания и состоянием окружающей

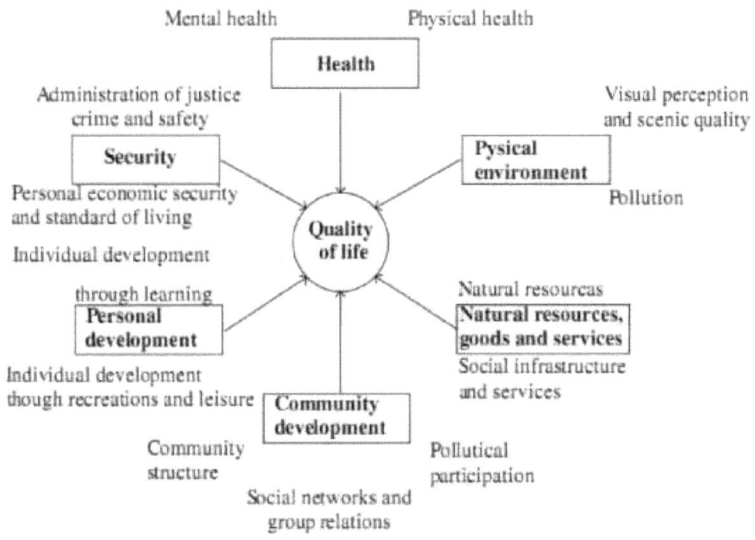

природной среды, например, расположение туалета, расстояние до водопровода и т.д.[19]

В исследовании Кампа и соавт. предложена система компонентов QoL [23]:

1.2. Качество жизни среди пожилых людей во Вьетнаме

Во Вьетнаме качество жизни заметно улучшается с каждым днем. По данным Института политических исследований Legatum, расположенного в Лондоне, QoL во Вьетнаме увеличивается с 77th в 2009 году до 61th в 2010 году [24]. Хотя Вьетнам является страной с более низким медианным уровнем жизни во всем мире (116/182 стран), он занимает 4 место[th] в Юго-Восточной Азии и АСЕАН после Лаоса, Камбоджи и Мьянмы [25].

По состоянию на 10th февраля 2012 года во Вьетнаме насчитывалось 1 071 032 пожилых человека, которым ежемесячно выплачивалось социальное пособие с минимальным размером 180 тысяч вьетнамских донгов в месяц (увеличение в 1,32 раза по сравнению с 2010 годом) [14, 26]. Пожилые люди в возрасте 80 лет и старше, не имеющие пенсии, социального страхования и помощи, составляли 948 111 человек ежемесячно. Только 9 % пожилых людей были абсолютно здоровы, остальные имели остаточные заболевания или тяжелую форму болезни с ограниченным QoL. Пожилые люди часто заражаются несколькими болезнями одновременно, на одного пожилого человека приходится в среднем 2,69 заболевания [27]. В настоящее время 70 % вьетнамских пожилых людей все еще живут во временных жилищах. Результаты исследования материальной жизни пожилых людей, проживающих в провинции Куангнгай, показали, что в стране насчитывается более 143 тысяч пожилых людей (что составляет 11% от общей численности населения). Среди них более 13 тысяч пожилых людей - представители этнических меньшинств; 42 800 пожилых людей живут в бедных и одиноких условиях без пенсий и других социальных пособий; более 70 % пожилых людей имеют качество жизни ниже среднего, и большинство пожилых людей менее склонны к доступу и участию в культурных и социальных мероприятиях в местных районах [28]. Как правило, старость - это период отдыха и наслаждения, однако результаты Национального исследования психического здоровья показали, что 70 % пожилых людей в возрасте от 60 до 69 лет по-прежнему вынуждены работать, чтобы получать доход, а 38 % пожилых людей в этой группе играют ключевую роль в домашнем хозяйстве [14]. **1.3. Детерминанты качества жизни**

На качество жизни населения в целом и пожилых людей в частности влияет множество факторов, как внутри самого человека, так и на отношения людей вокруг него. В мире существует множество исследований, посвященных взаимосвязи между QoL и физическим здоровьем [13, 29-33]. В 2010 году исследование, проведенное среди финских молодых мужчин, показало, что более высокая физическая подготовка и уровень физической активности в свободное время способствуют повышению некоторых параметров QoL, в то время как заболеваемость ухудшает их все. Полученные результаты подчеркнули важность физической подготовки, связанной со здоровьем, для повышения качества жизни. И те, кто имеет хорошее физическое состояние, способствуют более высокому уровню QoL, чем те, кто имеет плохое или среднее здоровье [30].

Второй аспект, который нас интересует, - это взаимосвязь между факторами окружающей среды и QoL. Люди постоянно взаимодействуют с окружающей средой. Это взаимодействие влияет на качество жизни, количество лет здоровой жизни и неравенство в состоянии здоровья [34]. Факторы окружающей среды оказались одними из самых важных для хорошего КЖ: в частности, здоровье, затем достаточное количество денег на основные нужды и хорошие отношения с семьей и друзьями. Среди других важных факторов - удовлетворенность досугом и безопасная, приносящая удовольствие работа, сбалансированная с остальной жизнью [35]. Проживание в условиях скученности негативно сказывалось на состоянии здоровья и КЖ в будущем [32]. Аналогичным образом, исследование, проведенное в Малайзии, также показало, что отсутствие безопасности и вредные условия труда отрицательно связаны с четырьмя областями QoL (физической, психологической, социальной и экологической), в то время как психологические требования к работе отрицательно связаны с экологической областью QoL [2].

Третий аспект, связанный с QoL, - это психологическое здоровье. Исследование, проведенное среди пожилых австралийцев, показало, что позитивный взгляд на вещи, социальные связи, духовность и способность к адаптации являются важными факторами, влияющими на QoL. Кроме того, было показано, что получение услуг поддержки является важным фактором для поддержания здоровья, КЖ и способности людей старше 65 лет оставаться независимыми в своем доме и обществе [36]. Результаты других исследований были сходными и также показали, что неудовлетворенность повседневной деятельностью, небольшие сети социальной поддержки, потеря сна в течение дня, низкий уровень здоровья и отсутствие легкости были тесно связаны с психологическим статусом и QoL пожилых людей, проживающих в городском районе Японии [31]. Наконец, четвертый фактор, связанный с QoL, - это социальные отношения. Пожилые люди часто получают помощь от своей семьи и общественных организаций [14, 31, 37]. Согласно результатам исследования "Статус пожилых людей, проживающих в Хатае, Вьетнам, 2003", городские пожилые люди чаще участвуют в деятельности клубов партии и местных органов власти, чем сельские (6% против 4,1%, соответственно). Тем не менее, доля пожилых людей, которые регулярно участвовали в этих клубах, была очень низкой и составляла от 45,6 до 75,4 %. Отсутствие или недостаток интимных и близких отношений у пожилых людей как предиктор, который связан с психологическим здоровьем и QoL пожилых людей [38]. До сих пор социальная активность пожилых людей обычно происходит в рамках их семьи и родственных связей. Обширная социальная деятельность, характерная для общины, деревни и поселка, очень бедна. Если такая ситуация будет продолжаться, это приведет к тому, что пожилые люди замкнутся в своем собственном пространстве и будут изолированы от общества.

ТЕОРЕТИЧЕСКАЯ БАЗА

Основываясь на вышеизложенном, мы предложили теоретическую модель факторов, влияющих на QoL:

Physical health:

- ✓ Daily Activities
- ✓ Drugs and medical aids
- ✓ Energy and fatigue
- ✓ Disability
- ✓ Pain and discomfort
- ✓ Sleep and rest
- ✓ Ability to work

Psychological health:

- ✓ Imagine
- ✓ Sadness
- ✓ Happiness
- ✓ Self-esteem
- ✓ Spirituality / religion / belief
- ✓ Thinking, learning, memory

Quality of Life

Social relationship:

- ✓ The personal relationships
- ✓ Social support
- ✓ Sexual Activity

Environment:

- ✓ Financial resources
- ✓ Freedom, physical safety
- ✓ Social and health care
- ✓ Ambient areas
- ✓ Housing environment
- ✓ Opportunity to access new information and skills
- ✓ Entertainment
- ✓ Surrounding environment: pollution, noise, traffic, climate
- ✓ Transport

ГЛАВА 2
МЕТОДОЛОГИЯ

2.1. Место проведения исследования

Это перекрестное исследование было проведено в Трунгту - одной из городских коммун в городе Ханой, в котором приняли участие 1 593 человека в возрасте от 60 лет и старше.

2.2. Учебное время

Данное исследование проводилось в период с 1st мая 2012 года по 31st апреля 2013 года.

2.3. Объекты исследования

❖ **Количественные исследования:**

- *Целевая аудитория:* пожилые люди, проживающие в городских районах Ханоя.

- *Исследуемая группа:* пожилые люди, проживающие в одной из городских коммун города Ханой.

- Критерии включения:

+ Люди, проживающие в коммуне Трунгту - город Ханой не менее 1 года

+ Возраст >=60 лет

+ Желание участвовать в данном исследовании после получения информированного согласия

- Критерии исключения:

Пожилые люди, которые временно переехали в Ханой или отказываются участвовать в опросе, либо испытывают трудности с пониманием или заполнением анкеты

❖ **Качественные исследования:**

Мы провели глубинные интервью с 13 пожилыми людьми, которые соответствовали критериям отбора.

2.4. Методы

2.4.1. Дизайн исследования

- Кросс-секционное исследование, проведенное с использованием самостоятельно заполненного вопросника

- Качественные исследования с использованием метода глубинного интервью для сбора данных, необходимых для интерпретации количественных исследований

2.4.2. Размер выборки

Это пилотное исследование, поэтому мы определили удобный размер выборки в 2% от общего числа пожилых людей, проживающих в коммуне Трунгту, что составило 300 человек, которые были добровольно и удобно набраны для исследования. Первым шагом по набору испытуемых было объявление об исследовании. Десять сотрудников медицинского центра коммуны Трунгту написали вводную информацию об исследовании и разместили объявления о наборе на досках в жилых районах, за которые они отвечают. В объявлении содержалась просьба к желающим добровольно принять участие в исследовании позвонить по бесплатному номеру для регистрации. Вторым шагом было определение участников исследования по их звонкам и проверка на соответствие требованиям. Медицинские работники, принимавшие звонки, задавали отборочные вопросы, чтобы выявить нужных людей в соответствии с критериями набора. Затем пожилые люди последовательно набирались в исследование в соответствии с их квалификацией и порядком обзвона, пока не набиралось 300 пожилых людей. Последний этап выборки основывался на списке пожилых людей, выявленных в результате их добровольной регистрации и удобного набора, сотрудники связывались с этими зарегистрировавшимися людьми у них дома и давали им форму согласия. После прочтения информированного согласия, если пожилой человек соглашался участвовать в исследовании, он/она отвечали "да" на вопрос "хотите ли вы участвовать в исследовании" в форме согласия, после чего получали от сотрудников анкету для самостоятельного заполнения.

2.4.3. Инструменты

Опросник QoL, созданный ВОЗ (WHOQoL-Bref), является одним из наиболее влиятельных и широко используемых инструментов оценки QoL, применяемых для исследований как в области внутренней медицины, так и в области психического здоровья [39]. Он был разработан для проведения международных кросс-культурно сопоставимых оценок КЖ. Согласно ВОЗ, QoL оценивает восприятие человека в контексте его культуры и системы ценностей, а также его личных целей, стандартов и проблем [19, 20]. Инструменты WHOQoL-Bref были разработаны совместно в ряде центров по всему миру и прошли широкую полевую апробацию [20, 39-47].

Самостоятельно заполняемый опросник включает 2 основных раздела: (1) Общая информация с 7 пунктами о возрасте, уровне образования, семейном положении, профессии до выхода на пенсию и жилищных условиях; (2) Опросник WHOQoL-Bref - это самоотчет, содержащий 24 пункта, каждый из которых представляет одну грань КЖ и два "контрольных" пункта для общего КЖ и общего здоровья человека. Грани определяются как те аспекты жизни, которые, как считается, вносят вклад в QoL человека. QoL состоит из четырех основных областей - физическое здоровье (7 пунктов), психологическое здоровье (6 пунктов), социальные отношения (3 пункта) и окружающая среда (8 пунктов). Эти аспекты оценивались по шкале Лайкерта от 1 до 5: 1=очень плохо, 2=плохо, 3=ни плохо, ни хорошо, 4=хорошо и 5=очень хорошо; 1=очень доволен, 2=не доволен, 3=ни недоволен, ни доволен, 4=удовлетворен и 5=очень доволен; 1=Не совсем, 2=немного, 3=умеренно

1=Никогда, 2=Немного, 3=Умеренно, 4=Очень много и 5=Чрезвычайно; или 1=Никогда, 2=Редко, 3=Довольно часто, 4=Очень часто и 5=Всегда.

2.4.4. Переменные

Таблица 2.4.4.1: Количественные переменные

Цели	Перемен ная группа	Имя	Тип переменн ой s	Указатель, определение и классификация	# Questio n
Характерн ые черты участников	Социальн о-демограф ический характер	Возраст	Дискретн ые	Период от момента рождения до момента проведения исследования	Q1
		Образова ние	Порядков ый	Пол в свидетельстве о рождении	Q3
		Гендер		Наивысший законченный класс	Q2
		Оккупаци я		Основная профессия до выхода на пенсию	Q4
		Семейное положени е	Номиналь ный	Текущее семейное положение объекта	Q5
		Жилищно е обустройс тво		В настоящее время вы живете	Q6
Детермина нты QoL	Физическ ая активност ь	Боль	Использу я шкалу Лайкера: 1 = Не удовлетво рен/ Никогда 5 = Очень удовлетво	Насколько сильно вы чувствуете, что боль мешает вам делать то, что нужно?	A3
		Использо вание наркотико в		Насколько вы нуждаетесь в медицинском лечении, чтобы	A4

13

Цели	Перемен ная группа	Имя	Тип переменн ой s	Указатель, определение и классификация	# Question
			рен/ Обычно	функционировать в повседневной жизни?	
		Энергия		Хватает ли вам энергии на каждый день	А10
				жизнь?	
		Работа		Насколько хорошо вы умеете передвигаться?	А15
		Сон		Насколько вы удовлетворены своим сном?	А16
		повседнев ная жизнедеят ельность		Насколько вы удовлетворены своей способностью выполнять повседневную деятельность?	А17
		Производ ительност ь труда		Насколько вы удовлетворены своей работоспособностью ?	А18
	Психолог ия	Наслажда йтесь жизнью	Использу я шкалу Лайкера: 1= Не совсем 5= Крайне / полность	Насколько вы наслаждаетесь жизнью?	А5
		Смысл полной жизни		В какой степени вы считаете жизнь наполненной смыслом	А6

Цели	Переменная группа	Имя	Тип переменной s	Указатель, определение и классификация	# Question
		Концентрация	ю	Насколько хорошо вы умеете концентрироваться?	A7
		Телесный облик		Способны ли вы принять свою внешность?	A11
		Доволен собой		Насколько вы довольны собой	A19
		Негативные чувства	Использование шкалы симпатий: 1=	Как часто вы испытываете негативные чувства, такие как отчаяние, тревога,	A26
			Всегда 5= Никогда	депрессия	
	Социальные отношения бедра	Удовлетворены личными отношениями с бедрами	Используя шкалу	Насколько вы удовлетворены своими личными отношениями?	A20
		Сексуальная жизнь	Лайкера: 1= Очень недоволен 5 = Очень	Насколько вы удовлетворены своей сексуальной жизнью?	A21
		Поддержка со стороны ваши друзья	довольны	Насколько вы удовлетворены поддержкой, которую вам оказывают друзья?	A22
	Окружаю	Безопасно	По шкале	Насколько	A8

щая среда	сть в вашей жизни	Лайкера 1 = Совсем нет 5 = Чрезвыча йно	безопасно вы чувствуете себя в своей жизни	
	Здоровая окружаю щая среда		Насколько здоровым является ваше физическое окружение?	А9
	Достаточ но денег для удовлетво рения потребнос тей	По шкале Лайкера 1 = Совсем нет 5 = Чрезвыча йно	Насколько вам хватает денег, чтобы удовлетворить свои потребности?	А12
	Доступна я информац ия		Насколько доступна вам информация, необходимая в повседневной жизни?	А13
	Досуг		В какой степени	А14

Цели	Перемен ная группа	Имя	Тип переменн ой s	Указатель, определение и классификация	# Questio n
		деятельно сть		У вас есть возможность для проведения досуга?	
		Состояни е жилья	Использу я шкалу Лайкера: 1= Очень недоволен 5 = Очень довольны	Насколько вы удовлетворены состоянием своего жилья?	A23
		Доступ к медицинс ким услугам		Насколько вы удовлетворены медицинским обслуживанием?	A24
		Удовлетв орен транспорт ом		Насколько вы довольны транспортом?	A25

Таблица 2.4.4.2: Качественные переменные

Социально-демографические характеристики	1. Не могли бы вы рассказать о себе (возраст, образование, жилищные условия, род занятий до выхода на пенсию и семейное положение)?
КЖ пожилых людей	2. Как бы вы описали жизнь, которую вы ведете в настоящее время жить? 3. Почему вы так говорите? 4. Какова ваша нынешняя жизнь? 5. Что в вашей нынешней жизни не очень хорошо? 6. Могли бы вы рассказать о физическом здоровье, например зависимость от медицинского лечения; повседневная жизнедеятельность; трудоспособность в настоящее время? 7. Не могли бы вы рассказать о психологическом здоровье, например Ваши чувства, убеждения, память, самооценка в настоящий момент? 8. Не могли бы вы рассказать о социальном здоровье, например, о личном Отношения, сексуальная жизнь и социальная поддержка в настоящее время?
	9. Могли бы вы рассказать о здоровье окружающей среды, например Финансовые ресурсы; домашняя обстановка; транспорт; доступ к медицинским услугам; предоставление информации и навыков; физическое окружение и т.д. в настоящее время?
Детерминанты QoL	10. Что улучшает ваше качество жизни? 11. Что ухудшает ваше КЖ? 12. Почему вы так говорите? 13. По вашему мнению, почему существует разница в QoL по социально-демографические характеристики?

2.5.   Ввод и анализ данных

❖ **Количественные данные:**

Перед вводом в базу данных данные были очищены путем проверки отсутствующих данных. Данные были введены в базу данных с помощью программного обеспечения Epidata, очищены от выбросов и нелогичных данных и преобразованы в файл.dta для анализа в Stata версии 10.

Физическая, психологическая, экологическая и социальная сферы оценивались по шкале Лайкерта от 1 до 5. Общий балл каждого домена был переведен в шкалу от 0 до 100 для сравнения с другими группами населения, при этом низкие баллы указывали на низкий уровень КЖ. Домен считался отсутствующим, если отсутствовало более 20 % его элементов.

Результаты были первоначально проанализированы с описанием с помощью средних значений, стандартных отклонений и частот. Среднее значение и стандартное отклонение были использованы в связи с нормальным распределением. Затем использовали тест Ман-Уитни для сравнения средних значений между четырьмя доменами КЖ в зависимости от социально-демографических характеристик.

Взаимосвязи между доменами QoL выявлялись с помощью теста Спирмена, поскольку домены QoL не имели нормального распределения. Для анализа влияния независимых переменных на каждый домен QoL использовались бивариационный и множественный линейный регрессионный анализ, в котором зависимая переменная была преобразована в ранги из-за отсутствия нормального распределения. Некоторые социально-демографические факторы (возраст, семейное положение, пол, профессия, уровень образования и жилищные условия) и значимые факторы в бивариационной линейной регрессии были затем включены в множественную линейную регрессию для получения полной модели. Окончательная модель была выбрана в процессе пошаговой линейной регрессии. Уровень значимости, принятый для статистических тестов, составил 5%. Коэффициент, константа, значение p, доверительный интервал и R_квадрат для каждой модели были рассчитаны и представлены.

Окончательная модель была проверена на пригодность: 1) проверка линейного предсказанного значения (_hat) и линейного предсказанного значения в квадрате (_hatsq); 2) проверка хорошести соответствия через "predict resid, r"; 3) проверка на мультиколлинеарность.

❖ **Качественные данные:**

Информация, собранная в ходе глубинного интервью, была прочитана, проанализирована по групповым переменным, затем обобщена и приведена вместе с количественными данными, чтобы внести свой вклад в интерпретацию количественных результатов.

2.6.   Этическая проблема

Риск дискомфорта для участников и риск потери конфиденциальности весьма незначительны. Есть несколько вопросов, которые касаются индивидуальных ощущений пожилых людей относительно счастья их жизни, членов их семьи, сексуальной жизни и физического окружения, а также вопросы, касающиеся их социальной связанности. Чтобы снизить эти риски, в бланке согласия участников предупреждают, что они могут отказаться от участия в исследовании в любое время и что они могут отказаться отвечать на любой вопрос, который вызывает у них дискомфорт. Они также предупреждены, что их отказ или выход из исследования никак не повлияет на них. Кроме того, был разработан и будет использоваться анонимный опросник для самостоятельного заполнения, в котором все ответы будут заполняться только участниками без посторонних глаз. Кроме того, после заполнения анкет участников просят самостоятельно вернуть заполненные анкеты полевым работникам, не являющимся жителями общин участников. Бумажный лист формы согласия с согласием участников на участие в исследовании и номерами их административных групп будет отделен от основного текста анкеты и отправлен главному исследователю (PI) для надежного хранения. Таким образом, вся индивидуальная информация будет отделена от основной части анкеты в любой момент сбора данных. Наш подход заключается в том, чтобы участники чувствовали, что они контролируют ход исследования. Они будут четко проинформированы о том, что вся информация является анонимной и будет анализироваться только на уровне группы. В форме согласия будет указан контактный телефон частного детектива, по которому участники смогут позвонить в случае возникновения вопросов. Если во время или после заполнения анкеты участники будут испытывать дискомфорт, они смогут связаться с PI для получения дальнейшей консультации.

Все анкеты будут анонимными (без указания имени и индивидуального адреса) и будут надежно храниться. Данное предложение было представлено в Этический комитет Школы общественного здравоохранения и принято к проведению в мае 2012 года.

В ходе исследования не было взято ни одного биологического образца

ГЛАВА 3

ВЫВОДЫ

3.1. Социально-демографические характеристики участников

Таблица 3.1: Социально-демографические характеристики 300 пожилых людей

Социально-демографические характеристики	Классификации	Мужчина		Женщина		Всего	
		N	%	N	%	N	%
Гендер		146	48.67	154	51.33	300	100
Средний возраст		71.66 ± 7.88		69.52 ± 6.89		70.56 ± 7.45	
Возрастная группа	<70	62	42.27	75	48.70	137	45.67
	>=70	84	57.53	79	51.30	163	**54.33**
Образование	Уровень средней школы или ниже	32	21.92	51	33.12	83	27.67
	Колледж/средняя школа	44	30.14	51	33.12	95	31.67
	Постдипломное образование	70	47.94	52	33.36	122	**40.66**
Профессия	Государственные служащие	119	81.51	122	79.22	241	**80.34**
	Рабочий	15	10.27	15	9.74	30	10.0
	Предприятие	4	2.74	3	1.94	7	2.33
	Самозанятые	7	4.80	6	3.90	13	4.33
	Домашний мастер	0	0	6	3.90	6	2.0
	Другие	1	0.68	2	1.30	3	1.0
Семейное положение	Женат	137	93.84	117	75.97	254	**84.67**
	Одиночка	9	6.16	37	24.03	46	15.33
Жилищное обустройство	Муж/жена	52	35.62	42	27.27	94	31.33
	Дети	14	9.59	35	22.73	49	16.33
	Муж/жена и дети	77	52.74	65	42.21	142	**47.34**
	Родственники	0	0	3	1.95	3	1.0
	В одиночестве	3	2.05	8	5.84	12	4.0
Самооценка	Очень плохо и нехорошо	8	5.48	4	2.60	12	4.0
	Ярмарка	70	47.95	90	58.44	160	53.3
общее Качество	Хорошо и очень хорошо	68	46.57	60	38.96	128	**42.7**

жизни							
Самостоятель ная оценка общего состояния здоровья	Очень плохо и нехорошо	25	17.12	27	17.53	52	17.3
	Ярмарка	38	26.03	50	32.47	88	29.3
	Хорошо и очень хорошо	83	56.85	77	50.0	160	**53.4**

3.2. Средние баллы доменов качества жизни в зависимости от социально-демографических характеристик

В таблице 3.1 представлены социально-демографические характеристики пожилых людей, проживающих в коммуне Трунгту, город Ханой. Среди 300 участников доля мужчин и женщин была достаточно сбалансированной (48,7% против 53,3%, соответственно). Средний возраст участников исследования составил 70,56 лет, причем средний возраст мужчин был выше, чем женщин (p<0,05). Доля пожилых людей в группе до 70 лет составила 45,7%, а в возрасте 70 лет и старше - 54,3%. Большинство участников 40,6% имели высшее образование. Большинство (80,4%) были государственными служащими, состояли в браке (84,7%) и жили в основном с мужем/женой и детьми (47,4%). Мы обнаружили, что 42,7 % и 53,4 % пожилых людей оценили свое общее качество жизни и здоровья как хорошее или очень хорошее, соответственно. Мы не обнаружили статистически значимых различий в самооценке хорошего или очень хорошего уровня КЖ и здоровья в зависимости от пола (p>0,05), в то время как эти различия были обнаружены между людьми в возрасте 70 лет и старше (p<0,05).

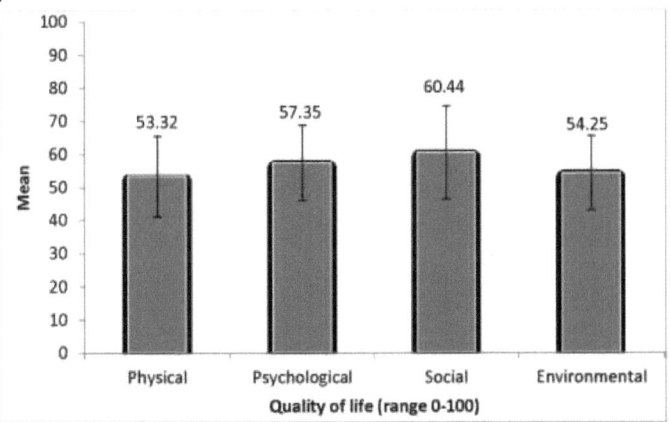

Рисунок 3.2.1: Средние баллы доменов качества жизни

Figure 1.1.1: Показаны средние баллы по четырем доменам QoL. Оценки всех доменов были умеренными по сравнению с максимальным баллом по шкале 0-100. Наибольший балл был получен в социальной области (60,44), за которой следовали психологическая, физическая и экологическая области (57,35; 53,32; и 54,25, соответственно).

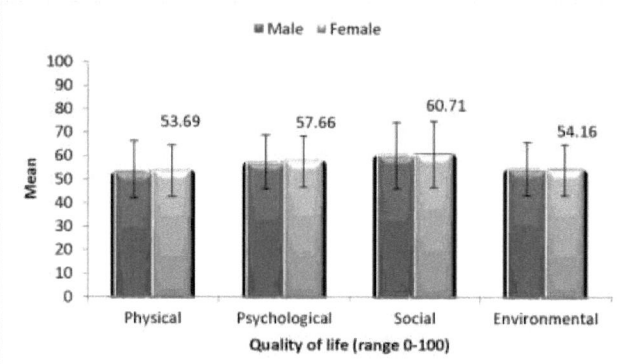

Figure 1.1.2: Средние баллы доменов качества жизни в зависимости от пола

На рисунке 3.2.2 представлены средние баллы доменов QoL в зависимости от пола. Статистически значимой разницы в средних баллах QoL по полу не было (p>0,05).

В ходе глубинного интервью мужчина в возрасте 75 лет сказал следующее: *"КЖ женщин и мужчин не сильно отличается, потому что они выходят замуж, живут вместе, так что почти все абсолютно одинаково".*

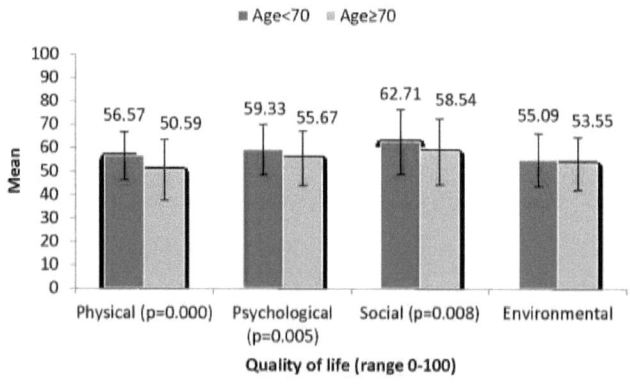

Figure 1.1.3: Средние баллы доменов качества жизни по возрастным группам

На рисунке 3.2.3 показаны средние баллы доменов QoL в зависимости от возрастной группы. Мы обнаружили, что у пожилых людей в возрасте до 70 лет физическая, психологическая и социальная сферы QoL были выше, чем у людей в возрасте 70 лет и старше (55,57 против 50,59; 59,33 против 55,67; и 62,71 против 58,54 при p<0,01, соответственно), в то время как в сфере окружающей среды этого не наблюдалось.

В ходе глубинного интервью пожилая женщина в возрасте 69 лет сказала: *"Чем старше, тем больше ухудшается здоровье, пропадает аппетит, физическая неактивность и раздражительность, часто думают о том, что случилось,*

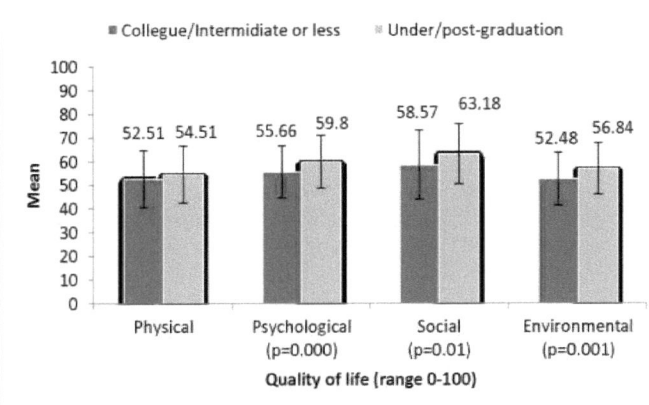

боятся видеться с друзьями и так далее, поэтому их QoL в целом начинает снижаться, особенно выраженно в возрасте 70 лет - после выхода на пенсию".

Figure 1.1.4: **Средние оценки доменов качества жизни в зависимости от уровня образования**

Figure 3.2.4 Показаны средние баллы доменов QoL в зависимости от уровня образования. Чем выше уровень образования, тем лучше качество жизни в психологической, социальной и экологической сферах (55,66 против 59,8; 58,57 против 63,18; 52,48 против 56,84 при p<0,05, соответственно), в то время как в физической сфере этого не наблюдалось.

Figure 3.2.5 Показаны средние баллы доменов QoL в зависимости от профессии. Мы обнаружили статистически значимые различия в психологической и экологической сферах между пожилыми людьми, работающими государственными служащими и другими (57,94 против 54,94; и

55,1 против 50,79 при p<0,05, соответственно), в то время как в физической и социальной сферах этих различий не наблюдалось.

Во время проведения глубинного интервью пожилой мужчина в возрасте 72 лет сказал следующее: *"Люди с более высоким уровнем образования, как правило, имеют лучшую работу, например, государственные служащие, и после выхода на пенсию они имеют право на ежемесячную зарплату. Поэтому их жизнь должна быть более стабильной, социальные связи более широкими, они обычно заботятся о своем здоровье, регулярно посещая медицинские учреждения и участвуя в работе клубов по месту жительства"*.

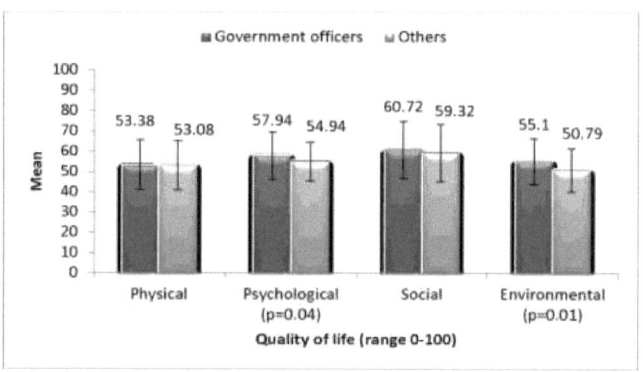

Figure 1.1.5: <u>Средние баллы доменов качества жизни в зависимости от профессии</u>

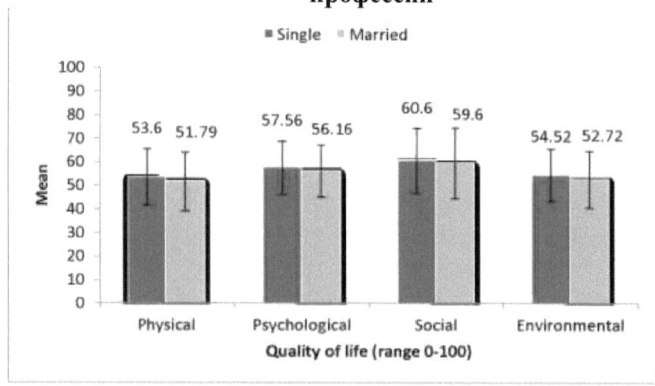

Figure 1.1.6: **Средние баллы доменов качества жизни в зависимости от семейного положения**

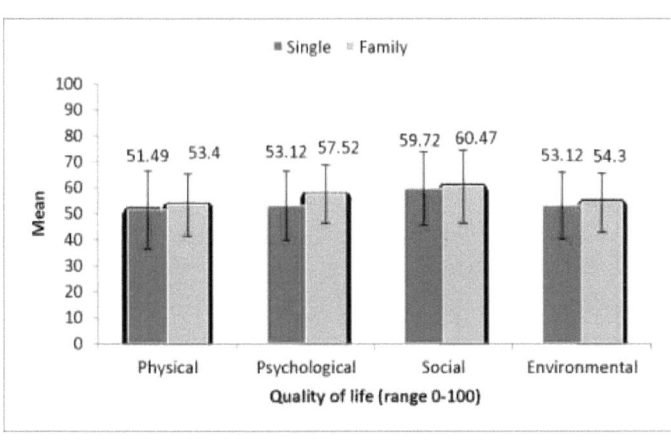

Figure 1.1.7:   Средний балл доменов качества жизни в зависимости от
условий жизни

организация

На рисунках 3.2.6 и 3.2.7 представлены средние баллы по доменам КЖ в
зависимости от семейного положения и места проживания. Мы не обнаружили
статистически значимых различий в средних баллах по всем четырем доменам в
зависимости от семейного положения и места проживания (p>0,05).

Во время интервью женщина преклонного возраста 68 лет сказала: *"Жизнь
теперь так сильно изменилась, раньше пожилые люди жили в одиночестве и
часто испытывали разочарование, теперь же и одинокие, и женатые часто
занимаются в клубе по укреплению здоровья, а также делятся своими
чувствами и активно участвуют в общественной работе. Таким образом, они
стали счастливее. Они не беспокоятся о материальной жизни, потому что у
них есть пенсионное пособие, в дополнение к государственной поддержке
пожилых людей180 тысяч вьетнамских донгов в месяц".*

3.3. Сводная статистика по четырем областям качества жизни
Таблица 3.3.1: Сводная статистика четырех доменов качества жизни

QoL	Среднее
.Физическое здоровье (7-35)	
a. Боль и дискомфорт	2.93
b. Зависимость от медикаментозного лечения	*2.76*
c. Энергия и усталость	2.90
d. Мобильность	3.18
e. Сон и отдых	3.12
f. Деятельность в повседневной жизни	<u>3.60</u>
g. Работоспособность	3.46
.Психологический (6-30)	
a. Позитивные чувства	*3.02*
b. Духовность, религия и личные убеждения	3.15
c. Мышление, обучение, память и концентрация внимания	3.14
d. Образ тела	3.04
e. Самооценка	3.58
f. Негативные чувства	<u>3.83</u>
. Социальные отношения (3-15)	
Личные отношения	3.67
Секс	*2.85*
Практическая социальная поддержка	<u>3.73</u>
. Окружающая среда (8-40)	
Физическая безопасность и охрана	3.24
Физическая среда	2.82
Финансовые ресурсы	3.43
Информация и навыки	3.09
Отдых и досуг	*2.53*
Домашняя обстановка	<u>3.63</u>
Доступ к медицинскому и социальному обслуживанию	3.19
Транспорт	3.43

*Показывает сырой балл; средние баллы по аспектам QoL (1 = очень плохо; 5 = очень хорошо).

Курсивом выделена самая низкая оценка, а подчеркиванием - самая высокая оценка в каждой области.

В таблице 3.3.1 представлены средние баллы по доменам QoL. Сырой балл каждого домена QoL колеблется в разных пределах, например, физический домен колеблется от 7 до 35 баллов; психологический домен - от 6 до 30 баллов; социальный домен - от 3 до 15 баллов; экологический домен - от 8 до 40 баллов. Баллы по каждой грани колебались в пределах нормы. Что касается физической сферы, то зависимость от медицинского лечения дала самый низкий балл (2,76), а повседневная деятельность - самый высокий (3,60). Что касается психологической сферы, то наименьший балл (3,02) был получен по позитивному чувству, а наибольший - по негативному чувству (3,83). Что касается социальной сферы, то у пожилых людей самый низкий балл по фасету "Секс" (2,85) и самый высокий балл по фасету "Практическая социальная поддержка" (3,73). Что касается экологической сферы, то наименьший балл (2,53) был получен в отношении отдыха и досуга, в то время как наибольший балл (3,63) - в отношении домашней обстановки.

3.4. Корреляция между четырьмя областями качества жизни

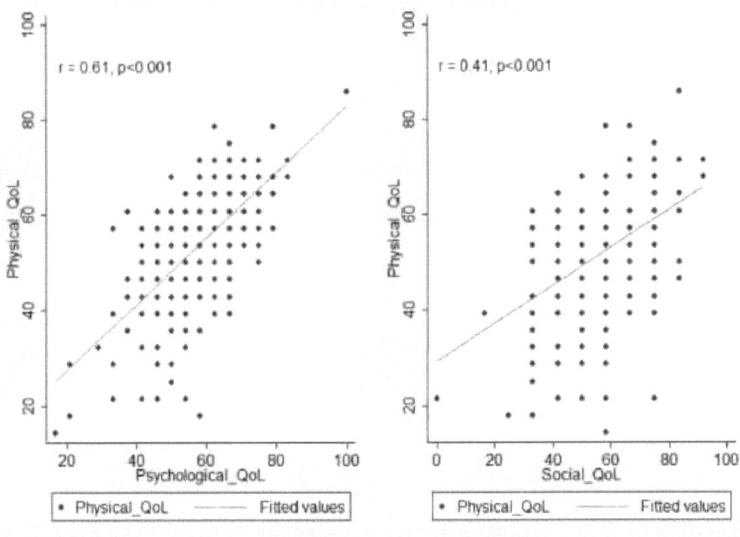

Рисунок 3.4.1: Соотношение между физической и психологической, социальной сферой

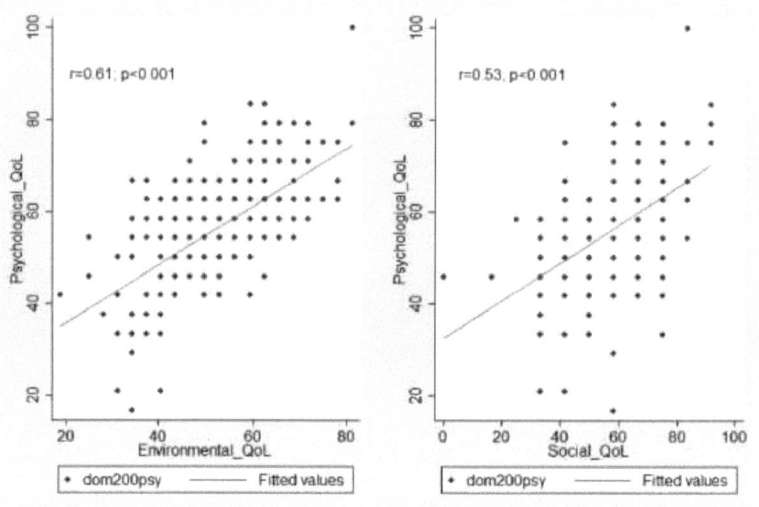

Рисунок 3.4.2: Взаимосвязь между психологическими и социальными, экологическими

домен

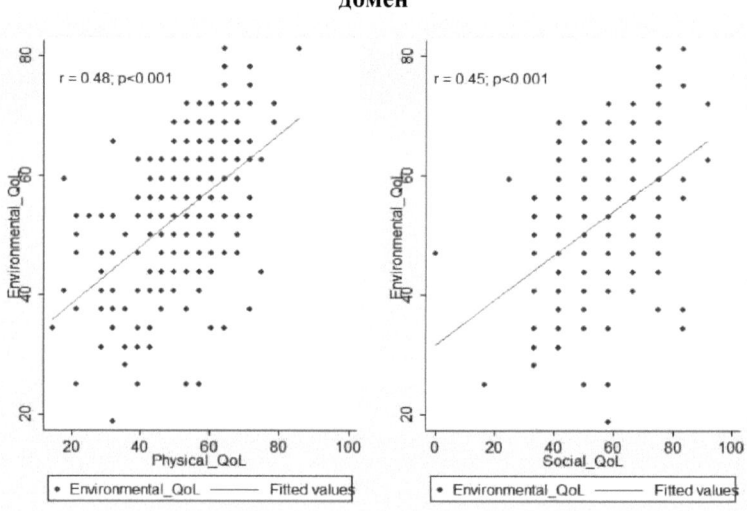

Рисунок 3.4.3: Соотношение между экологической и физической, социальной областями

На рисунках с 3.4.1 по 3.4.3 показана корреляция между доменами QoL. Результаты показали, что все домены QoL положительно коррелируют друг с другом (p<0,001). Высокие корреляции были выявлены между физическим

(0,61), экологическим (0,61), социальным (0,53) и психологическим доменами. Аналогичным образом были выявлены корреляции между четырьмя доменами КЖ по полу (мужчины против женщин), возрастной группе (<70 против ≥70), роду занятий (государственные служащие против других) и уровню образования (колледж/средняя школа против аспирантуры) (индекс 2).

3.5. Факторы, связанные с каждой областью качества жизни

Таблица 3.5.1: Факторы, связанные с физической сферой

Краткое описание модели			Количество обс	300
			Prob > F	0.0000
			R-квадрат	0.4741
Физический_КоЛ	Коэф.	P>t	[95% Conf.	Интервал]
Возраст	-27.94	0.00	-41.81	-14.09
Психологический_QoL	49.22	0.00	37.01	61.39
Экологическая_КоЛ	16.90	0.00	5.11	28.69
Социальная_КоЛ	9.15	0.04	0.52	17.77
Cons	670.02	0.29	-565.96	1906.02

В таблице 3.5.1, касающейся физического домена, из-за отсутствия нормального распределения физический домен был преобразован в квадратную форму, чтобы соответствовать этому условию. R-квадрат=0,4741 (p<0,001). Это означает, что 47,41% трансформации зависимой переменной (физический домен) объясняется вариацией независимых переменных (возраст, психологический, социальный и экологический домен). Эти детерминанты положительно коррелировали с физическим доменом, за исключением возраста, который имел обратную корреляцию. Коэффициенты для психологического, экологического и социального доменов составили 49,22; 9,15; и 16,90, что означает, что при увеличении психологического, экологического или социального доменов на одну единицу ожидается увеличение физического домена на 49,22; 9,15; и 16,90 единиц, соответственно. В то время как коэфициент для возраста составил 27,94, что означает, что при увеличении возраста на одну единицу физический домен уменьшается на 27,94 единицы.

Таблица 3.5.2: Факторы, связанные с психологической сферой

Краткое описание модели			Количество обс	300
			Prob > F	0.0000
			R-квадрат	0.5619
Психологический_QoL	Коэф.	P>t	[95% Conf.	Интервал]
Физический_КоЛ	0.36	0.00	0.27	0.44
Социальная_КоЛ	0.14	0.00	0.07	0.21
Экологическая_КоЛ	0.36	0.00	0.26	0.45
Cons	10.57	0.00	5.72	15.43

Что касается психологического домена (таблица 3.5.2), то физический, социальный и экологический домены положительно коррелируют с психологическим доменом, и на долю этих доменов приходится 56,19% (p<0,001). Домен, который внес наибольший вклад в психологический домен, - это физический и экологический домен (коэффициент 0,36, что означает, что психологический домен увеличивается на 0,36 ранговых единиц, p<0,001), за ним следует социальный домен (коэффициент 0,14, что означает, что психологический домен увеличивается на 0,14 ранговых единиц, p<0,001).

Таблица 3.5.3: Факторы, связанные с социальной сферой

			Количество обс	300
Краткое описание модели			Prob > F	0.0000
			R-квадрат	0.3331
Социальная_КоЛ	Коэф.	P>t	[95% Conf.	Интервал]
Физический_КоЛ	19.35	0.02	2.73	35.97
Психологический_QoL	41.38	0.00	21.59	61.18
Экологическая_КоЛ	30.80	0.00	12.99	48.59
Рабочие	532.80	0.04	25.60	1040.0
Предприятие	-619.02	0.22	-1617.47	379.44
Самозанятые	-390.43	0.30	-1136.79	355.94
Домашний мастер	63.58	0.91	-1033.98	1161.13
Другие	-514.0	0.51	-2032.69	1004.7
Cons	-1242.59	0.01	-2118.2	-366.98

Что касается социальной сферы (таблица 3.5.3), то она не была нормально распределена. Поэтому он был преобразован в квадратную форму, чтобы соответствовать условию нормального распределения . Род занятий (работник), физическая сфера, психологическая сфера и сфера окружающей среды положительно коррелировали с социальной сферой и вместе составляли 33,96 % (p<0,001). Коэффициент для профессии составил 532,80, что означает, что пожилые люди, работающие рабочими, имеют оценку на 532,80 ранговых единиц выше, чем те, кто занимает государственные должности; коэффициенты для физического, психологического и экологического доменов составили 19,35; 41,38 и 30,80, что означает, что на одну единицу увеличения физического, психологического или экологического доменов приходится 19,35; 41,38 и 30,80 единиц увеличения социального домена, соответственно.

Таблица 3.5.4: Факторы, связанные с экологической областью

Краткое описание модели			Количество обс	300
			Prob > F	0.0000
			R-квадрат	0.4597
Экологическая_КоЛ	Коэф.	P>t	[95% Conf.	Интервал]
Социальная_КоЛ	0.14	0.00	0.06	0.22
Психологический_QoL	0.44	0.00	0.33	0.56
Физический_КоЛ	0.14	0.00	0.03	0.25
Рабочий	-3.09	0.06	-6.32	0.14
Предприятие	1.36	0.68	-5.0	7.71
Самозанятые	-0.35	0.88	-5.11	4.40
Домашний мастер	-10.22	0.00	-17.10	-3.35
Другие	-4.14	0.40	-13.79	5.51
Cons	13.32	0.00	7.81	18.84

В таблице 3.5.4 представлены факторы, связанные с областью окружающей среды. Физический, психологический, социальный и род занятий (домохозяйка) вместе составили 45,97%. Физическая, психологическая и социальная сферы положительно коррелировали с экологической сферой, и коэффициенты корреляции этих сфер составляли 0,14; 0,44 и 0,14, что означает, что при увеличении на одну единицу физической, психологической или социальной сфер мы ожидаем увеличения на 0,14; 0,44 и 0,14 единиц экологической сферы, соответственно. Работа в качестве домашней хозяйки имела обратную зависимость, и ее коэффициент составил 10,22, что означает, что пожилые люди, работающие в качестве домашней хозяйки, имеют на 10,22 ранговых единиц меньше баллов, чем те, кто работает в правительстве.

ГЛАВА 4

ОБСУЖДЕНИЕ

4.1. Качество жизни среди пожилых людей

Доля пожилых людей, отметивших хорошее и очень хорошее качество жизни и здоровья, в данном исследовании составила 42,7 и 53,4 % соответственно (табл. 3.1). Эти данные были схожи с результатами исследования КЖ пожилых людей в Тайване (2010) [48]. Исследование, проведенное среди 446 респондентов в возрасте 18-84 лет в центральной части Уганды, показало, что 27,4 % и 20,6 % пожилых людей самостоятельно оценили, что имеют хороший или очень хороший уровень КЖ и общего здоровья в течение последних двух недель соответственно [49]. Кросс-секционное исследование 383 участников в возрасте 18 лет и старше в районе Нинь Киеу города Кан Тхо показало, что 32,9% и 43,6% участников удовлетворены своим уровнем жизни и здоровья на хорошем уровне, соответственно [50]. Другое исследование, проведенное в городе Хошимин, показало, что мужчины оценивают качество жизни и удовлетворенность здоровьем выше, чем женщины (84,3% против 80,8%; и 84% против 71,2% при $p<0,05$, соответственно) [51]. Что касается баллов по шкале QoL, то они являются позитивными (чем выше балл, тем лучше QoL), и не существует точки отсечения для определения конкретного балла, по которому QoL может быть оценена как "хорошая" или "плохая" [52]. Однако при сравнении с максимальным баллом по шкале 0-100 пожилые люди, проживающие в коммуне Трунгту, показали умеренную оценку КЖ по четырем доменам WHOQoL-Bref. Эти результаты полностью совпали с результатами других исследований QoL среди пожилых людей [52]. В данном исследовании средние баллы по физическому и экологическому доменам оказались ниже по сравнению с психологическим и социальным доменами (рис. 3.3.1). Эти данные подтверждают результаты других исследований, в которых отмечалось, что социальная сфера имеет наивысший балл по сравнению с другими сферами [2, 39, 44, 53]. Средние баллы по всем четырем доменам QoL в данном исследовании оказались ниже, чем у пожилых людей, проживающих в Южной Джакарте (Индонезия) [54], на Тайване (2010) [48] и у взрослых с серповидно-клеточной болезнью на Ямайке [42]. Оба показателя QoL по четырем доменам в общей популяции в возрасте 80 лет и у пациентов после отделения интенсивной терапии во Франции были выше, чем QoL в данном исследовании [55]. Исследование Сангхи Чун и др., проведенное на 240 участниках в возрасте 17-78 лет, также показало, что экологическая и психологическая сферы имели более высокий средний балл по сравнению с физической и социальной сферами (78,89; 74,20 против 73,42; 65,62 соответственно) [56].

Мы предполагаем, что пожилые люди в коммуне Трунгту хуже воспринимают свой QoL с точки зрения физического состояния, что объясняется болью и дискомфортом; зависимостью от медикаментозного лечения; энергией и усталостью; мобильностью; сном и отдыхом; повседневной деятельностью; трудоспособностью. А окружающая среда - это физическая безопасность и защищенность; физическое окружение; финансовые ресурсы; информация и навыки; отдых и досуг; домашняя обстановка; доступ к медицинскому и социальному обслуживанию; транспорт. Поэтому необходимо укреплять физическую и экологическую QoL для пожилых людей, поощряя их участие в клубах, мероприятиях по отдыху, доступ к медицинским услугам и т.д.

Интересно, что расчетные результаты QoL по ответам пожилых людей оказались выше, чем самооценка хорошего или очень хорошего QoL. Это может объяснять, что пожилые люди часто жалуются на свою жизнь, но на самом деле все аспекты QoL, включающие физическую, психологическую, экологическую и социальную сферы, находятся на умеренном уровне. Эти данные подтверждают результаты предыдущих исследований [57, 58].

Чем выше возраст, тем ниже QoL в физической, психологической и социальной сферах (рис. 3.2.3). Эти результаты совпадают с данными, полученными Barua et al. в 2007 году [40], Abhay Mudey et al. в 2011 году [4] и Abdul Rashid в 2013 году [59]. Кроме того, в ряде других исследований было показано влияние возраста на КЖ пожилых людей [47, 60, 61]. Как показано в исследовании García et al, пожилой возраст ассоциировался с худшими уровнями QoL, связанными со здоровьем [62]. Аналогичным образом, исследование Лаксмиканта Локаре в 2011 году показало статистически значимую разницу в среднем балле между людьми в возрасте до и старше 70 лет в психологической области (p<0,05) [63].

Мы обнаружили, что чем выше уровень образования, тем лучше QoL (рисунок 3.2.4). В исследовании Пин Ся и др. участники, имеющие ученую степень, профессиональное образование или выше, имели средние баллы по четырем доменам выше, чем остальные (p<0,001) [53]. Исследование, проведенное среди 205 пожилых людей в Мьянме, показало, что пожилые люди, получившие среднее образование, имели более высокий уровень КЖ по сравнению с теми, кто имел начальное образование или не имел образования (26,7% против 21,5%

и 2,2%, при p<0,01, соответственно). Аналогичным образом, рисунок 3.2.5 показывает, что пожилые люди, работавшие государственными служащими, имели более высокий уровень КЖ по сравнению с другими. Этот результат подтверждает данные предыдущих исследований, согласно которым пожилые люди, имеющие профессию (22,6%), имели более высокий уровень КЖ, чем те, кто не имеет профессии (13,4%) [57]. Исследование, проведенное в Нонтхабури, Таиланд, показало, что большинство государственных служащих, вышедших на пенсию раньше срока (70,5%), имели высокий уровень КЖ, за ним следовали умеренный (28,5%) и низкий (1,0%) [64].

Это полностью соответствует статусу пожилых людей с более высоким уровнем образования, которые, как правило, имеют стабильную работу в обществе, огромные социальные связи и ежемесячную зарплату после выхода на пенсию. Кроме того, они получают государственное пособие, поэтому у тех, кто имеет высшее образование и является государственным служащим, QoL лучше. Поэтому необходимо больше заботиться о жизни пожилых людей без государственных служащих, особенно о психологической и экологической QoL, чтобы в значительной степени уравнять QoL между пожилыми людьми с разными профессиями.

Текущее исследование показало отсутствие статистически значимых различий в средних баллах КЖ в зависимости от социально-демографических характеристик, включая пол, семейное положение и место проживания (рисунок 3.2.2; 3.2.6 и 3.2.7), соответственно). Эти результаты полностью совпадают с результатами Abhay Mudey et al. [4], Ping Xia [53], Abdul Rashid [59] и Myo Myint Naing [57]. Хотя как качественные, так и количественные исследования не выявили различий в средних баллах КЖ у мужчин и женщин (рисунок 3.2.2), некоторые исследования в мире показали, что у мужчин КЖ выше, чем у женщин [41, 43, 53, 65-70]. Эти результаты отличались от результатов нашего исследования. Одна из возможных гипотез объяснения может быть продемонстрирована тем фактом, что почти все пожилые люди в коммуне Трунгту имели много схожих характеристик, таких как высшее образование, сбалансированное соотношение мужчин и женщин, работающие государственные служащие и состоящие в браке, составляли наибольшую долю.

4.2. Взаимосвязь и детерминанты каждого домена качества жизни

При выявлении корреляции между всеми четырьмя доменами QoL мы обнаружили высокую корреляцию между физическим, социальным, экологическим и психологическим доменами (рис. 3.4.1-3.4.3). С другой стороны, они положительно коррелировали друг с другом. Эти результаты подтверждают результаты других исследований [45, 56, 71]. В исследовании Джиниери были обнаружены сильные корреляции между всеми суммарными показателями доменов, особенно между физическим, психологическим и социальным доменами [45]. Исследование QoL при болезни Вильсона показало сильную корреляцию между экологическим и психологическим доменами (r=0,53) [71]. Аналогичным образом, Sanghee Chun et al. также показали, что психологический домен значительно коррелирует с физическим, социальным и экологическим (r=0,56; 0,50; и 0,52 при p<0,01, соответственно) [56].

Чтобы определить некоторые детерминанты, влияющие на КЖ пожилых людей, мы провели два вида анализа, включая бивариационную и множественную линейную регрессию, чтобы попытаться понять связь социально-демографических факторов с оценками КЖ. В нескольких исследованиях было показано, что социально-экономические переменные и сопутствующие заболевания влияют на оценку WHOQoL-Bref [39]. Недавние исследования показали, что на оценки доменов WHOQoL-Bref у людей среднего и пожилого возраста влияют такие социально-демографические переменные, как возраст [47, 60, 61, 63], пол [39, 41, 43, 65, 66], семейное положение и жилищные условия [70]. Однако исследование, проведенное среди пациентов нигерийских клиник с сахарным диабетом 2 типа, также показало, что в целом на показатели КЖ не влияли такие характеристики, как пол, уровень образования или семейное положение [72]. Тем не менее, в настоящем исследовании мы решили проанализировать показатели КЖ с учетом социально-демографических переменных, таких как возраст, семейное положение, образование и жилищные условия. Были построены четыре линейные регрессионные модели, в каждой из которых в качестве зависимой переменной использовался один домен, а в качестве независимых переменных - социально-демографические факторы. Для этого был проведен бивариационный линейный регрессионный анализ, в котором каждая независимая переменная (пол, возраст, уровень образования, семейное положение, место проживания и профессия) и каждый домен QoL (после преобразования в ранги из-за отсутствия нормального распределения) анализировались как зависимая переменная. В результате бивариационной регрессии было установлено, что возраст (p<0,001) статистически значимо влияет на физический домен, в то время как пол, уровень образования, семейное положение, условия жизни и род занятий не представлены и не вносят существенного вклада в объяснение вариаций в этой модели. Во-вторых, возраст, уровень образования и род занятий (p<0,05) были статистически значимы в психологической сфере, в то время как пол, семейное положение и место жительства - нет. Что касается социального домена, то возраст (p<0,001), уровень образования, род занятий и жилищные условия (p<0,05) были статистически значимы, а пол и семейное положение - нет. Что касается экологической сферы, то только уровень образования и место проживания (p<0,05) были значимы, а возраст, пол, семейное положение и род занятий - нет. Бивариационная линейная регрессия позволила выявить детерминанты QoL, затем эти предикторы были подвергнуты множественной линейной регрессии. Детерминанты, указанные в предыдущих исследованиях, были включены в множественную линейную регрессию, хотя в данном исследовании мы не смогли найти статистически значимой корреляции.

При анализе множественной линейной регрессии на предмет независимого влияния на каждый домен QoL выяснилось, что возраст, психологический, социальный и экологический домены статистически связаны с физическим доменом при p<0,001 (таблица 3.5.1). Исследование, проведенное в китайской городской общине, показало, что возраст отрицательно связан с физическим доменом, поскольку пожилые люди имели худшие показатели физического домена по сравнению с молодыми [53]. Наш вывод совпадает с результатами других исследований, таких как Ankur Barua в 2005 году; Lokare et al. и Mudey в 2011 году [4, 40, 63]. Что касается психологической сферы, то физическая, социальная и экологическая сферы были статистически значимо связаны между собой (таблица 3.5.2). Эти данные согласуются с результатами предыдущих исследований [56, 71]. Что касается социальной сферы, мы обнаружили, что физическая, психологическая и экологическая сферы были положительно связаны с социальной сферой. В то же время работа в качестве домашней хозяйки имела обратную связь (таблица 3.5.3). Полученные нами результаты подтверждают результаты предыдущих исследований. В исследовании Oye Gureje et al. возраст и социальные факторы (практическая социальная поддержка, личные отношения) были наиболее сильными детерминантами физической сферы. Что касается психологической и экологической сфер, то социальные факторы, такие как поддержание контактов с членами семьи и участие в общественной деятельности, были связаны с ними гораздо сильнее [73]. Исследование, проведенное на 1 301 пожилом человеке в Бразилии, показало, что четыре сферы, включая физическую, психологическую, социальную и экологическую, вместе составляют 36,1 % от общего уровня КЖ. Среди этих детерминант социальная сфера внесла незначительный вклад - 0,4 % (p>0,05), в то время как наибольший вклад в общую КЖ внесла физическая сфера (28,8 %), за ней следуют экологическая (6,2 %) и психологическая (1,3 %) при p<0,05 [52]. Таким образом, изменения в одном или нескольких доменах могут повлечь за собой изменения в общем QoL и других доменах.

Хотя мы не проводили множественную линейную регрессию между всеми четырьмя доменами QoL и общим QoL, существует множество исследований, посвященных этой теме во всем мире. Это можно рассматривать как ограничение исследования. Исследование с использованием множественного линейного регрессионного анализа для изучения факторов, связанных с КЖ бразильских пожилых людей, проживающих в общине, показало, что в случае общего КЖ как зависимой переменной, воспринимаемое состояние здоровья, уровень образования, физическая активность, состояние здоровья, возрастная группа и использование первичной медицинской помощи были значимыми ассоциированными факторами [74]. В данном исследовании мы не оценивали общий уровень КЖ, поскольку интерпретация общего уровня КЖ достаточно сложна, так как сходные результаты могут быть объяснены различными факторами. Для каждого человека существует своя форма для операционализации его оценки, и оценка одного и того же человека может меняться через некоторое время, что связано с вариативностью жизненных приоритетов и обстоятельствами, которые могут изменить жизнь [52, 75]. Таким образом, необходимо провести исследования по оценке QoL в целом (общий домен), чтобы иметь полное представление о QoL среди пожилых людей, проживающих в коммуне Трунгту в частности и в других городских коммунах города Ханой в целом.

ЗАКЛЮЧЕНИЕ

❖ **Качество жизни пожилых людей:**

Качество жизни пожилых людей, проживающих в коммуне Трунгту, в четырех сферах остается на умеренном уровне по сравнению со стандартом ВОЗ. Средние баллы в психологической и социальной областях выше, чем в физической и экологической (57,35; 60,44 против 53,32; 54,25, соответственно). Существует статистически значимая разница в средних баллах QoL по социально-демографическим показателям:

+ Чем выше возраст, тем ниже QoL в физической, психологической и социальной сферах.

+ Чем выше уровень образования, тем лучше QoL в психологической, социальной и экологической сферах.

+ Пожилые люди, работающие в государственных учреждениях, имели более высокий уровень QoL в психологической и экологической сферах, чем другие.

Все четыре домена QoL положительно коррелировали друг с другом. Особенно высокая корреляция была обнаружена для физического, социального, экологического и психологического доменов (0,61; 0,53; и 0,61, соответственно).

❖ **Детерминанты каждого домена QoL:**

+ Возрастная, психологическая, социальная и экологическая области вносят 47,41% в физическую область

+ Физическая, социальная и экологическая области вносят 56,19% в психологическую область

+ Профессия (работник), физическая, психологическая и экологическая области вместе составили 33,96% в отношении социальной области

+ Физическая, психологическая, социальная области и профессия (домохозяйка) вместе составили 45,97% вклада в экологическую область

РЕКОМЕНДАЦИЯ

Улучшение физического и экологического качества жизни пожилых людей путем поощрения их участия в местных клубах, досуговых мероприятиях и доступа к медицинским услугам, лечению и т.д..

Уделять больше внимания QoL среди пожилых людей, которые не имеют государственных профессий, особенно психологическому и экологическому QoL через медицинскую коммуникацию и образование, чтобы предоставить информацию и навыки, которые им необходимы в повседневной жизни, улучшить медицинские услуги для пожилых людей, поощрять их к участию в рекреационной деятельности для улучшения их здоровья, а также делиться своими чувствами и т.д... для существенного выравнивания QoL между пожилыми людьми с разными профессиями.

Необходимо оценить КЖ в целом (общий домен), чтобы иметь полное представление о КЖ пожилых людей в коммуне Трунгту в частности и в других городских коммунах Ханоя в целом.

ССЫЛКИ

1. Фонд ООН в области народонаселения (ЮНФПА) во Вьетнаме, *Старение населения и пожилые люди во Вьетнаме: текущая ситуация, прогноз и некоторая политика рекомендации*, 2011: Ха Ной.

2. EDIMANSYAH, B.A., et al., *Взаимосвязь психосоциальных факторов работы и качества жизни, связанного со здоровьем, у мужчин, занятых сборкой автомобилей в Малайзии.* Промышленное здоровье, 2007. **45**: p. 437-48.

3.   Лиан, В.-М., и др., *Факторная структура качества здоровья, связанного со здоровьем, у тайваньских рабочих по вопроснику WHOQOL-BREF.* 2005.

4. Мудей, А., и др., *Оценка качества жизни среди сельского и городского пожилого населения района Вардха, Махараштра, Индия.* Этномед, 2011. **52**(2): p. 89-93.

5. Nóbrega, T.C.M.d., et al., *Качество жизни и мультиморбидность пожилых амбулаторных пациентов.* Clinics, 2009. **64**(1).

6. Бодур, С. и Д.Д. Чингил, *Использование WHOQOL-BREF для оценки качества жизни турецких пожилых людей в различных условиях проживания.* Журнал о питании, здоровье и старении, 2009. **13**(7): p. 652-56.

7. C, L.M.C., *Defining Quality of Life for Chinese Elderly Strocke SurvivorsDefining Quality of Life for Chinese Elderly Strocke Survivors.* Disability and Rehabilitaion, 2003(25).

8. Хыонг, Н.Т. *Применение модифицированного измерения для оценки качества жизни пожилых людей и его тестирование на нескольких группах вьетнамских пожилых людей.* 2009.

9. Куонг, Б.Т., *В сфере социального обеспечения: Исследование старения во Вьетнаме2005*: Национальный университет.

10. Луонг, Д.Х., и др., *Разработка измерений для оценки качества жизни вьетнамских пожилых людей.* Журнал практической медицины, 2009. **5**: p. 663.

11. Бинь, Н.К., *Исследование состояния здоровья, связанного с социологией пожилых людей1993*, Ха Ной: Институт охраны здоровья пожилых людей.

12. Куонг, Д.В. и др., *Оценка состояния медицинского обслуживания пожилых людей во Вьетнаме, Институт стратегии и политики здравоохранения2006.*

13. Мацуо, М., и др., *Влияние активности пожилых людей на качество жизни.* Yonago Acta medica, 2003. **46**: p. 17-24.

14. Лан, Х.М., *Духовная жизнь пожилых людей во Вьетнаме сегодня*. http ://tainguyenso.vnu.edu.vn, 2007.

15. Кхуе, П., *Национальное исследование по проблемам пожилых людей в контексте Вьетнама*. 1998.

16. Всемирная организация здравоохранения. *Определение пожилого или престарелого человека*. 2013 [cited 20134   ];

    Availablefrom   :

http://www.who.int/healthinfo/survey/ageingdefnolder/en/.

17. Национальное собрание Социалистической Республики Вьетнам, *статья 145, Трудовой кодекс*. 1994.

18. Национальное собрание Социалистической Республики Вьетнам, *Постановление о пожилых людях*, 2000: Ха Ной.

19. Ян Нильссон, М.Г., С. Заман и З.Н. Кабир, *Роль и функция: Аспекты качества жизни пожилых людей в Руальной Бангладеш*. Jounal of Aging Studies, 2005. **19**(363-74).

20. Всемирная организация здравоохранения. *WHO Quality of Life-BREF (WHOQOL-BREF)*. 2013 [cited20134];   Availablefrom: http://www.who. int/substance abuse/research tools/whoqolbref/en/.

21. М, Ф., *Определения качества жизни пожилыми людьми*. Социальная наука медицина, 1995. **41**(10): p. 1439-46.

22. Б, А., *Технологии информационного общества и качество жизни: Обзор литературы и инструмент для размышлений*. 2004.

23. Камп, И., и др., *Качество городской среды и благополучие человека на пути к концептуальной основе и разграничению понятий; литературное исследование*. Ландшафт и городское планирование, 2003. **65**(1): p. 5-18.

24. Голос Вьетнама. *Вьетнам повысил 16 уровней качества жизни*. 2011 21/10/2012]; Доступно по адресу: http://vov.vn/Xa-hoi/Viet-Nam-tang- 16-bac-ve-chat-luong-cuoc-song/165575.vov.

25. MERCER. *Рейтинг городов мира по качеству жизни за 2012 год - исследование Mercer*. 2012 [цит. по 2013 4]; Доступно на сайте: http://www.mercer.Com/qualityoflivingpr#city- rankings.

26. Национальное собрание Социалистической Республики Вьетнам, *Указ правительства № 06/2011/ND-CP от 14/01/2011, детализирующий и направляющий реализацию некоторых статей закона о пожилых людях*. 2011.

27. Тханг, П., *Ситуация с заболеваниями вьетнамских пожилых людей по результатам ряда эпидемиологических исследований в общине.* Журнал "Население и

Развитие во Вьетнаме, 2007. **4.**

28. Úy ban Mât Trân Tô Quôc tinh Quàng Ngai. *Thuc trang dơi sông vât chât nguơi cao tuôi*

2012 [цит. по 2012 10]; Доступно по адресу: http://ubmttq.quangngai.org.vn/i749-thuc- trang-doi-song-vat-chat-nguoi-cao-tuoi.aspx.

29. Уайт, С.М., Т.Р. Вуйчицки и Э. МакОли, *Физическая активность и качество жизни у пожилых людей, живущих в общине.* Health and Quality of Life Outcomes, 2009. **7**: p. 10.

30. Хаккинен, А., и др., *Ассоциация физической подготовки с качеством жизни, связанным со здоровьем, у финских молодых мужчин.* Health and Quality of Life Outcomes, 2010. **8**: p. 15.

31. K, I., et al., *Факторы, связанные с психическим здоровьем пожилых людей, проживающих в городских общинах Японии: сравнение между людьми, имеющими и не имеющими сертификат страхования долгосрочного ухода.* Nihon Ronen Igakkai Zasshi, 2012. **49**(1): p. 82-9.

32. Сармьенто О.Л. и др. *Качество жизни, физическая активность и характеристики жилой среды среди взрослого населения Колумбии.* Журнал "Физическая активность и здоровье", 2012.

33. А, А., и др., *Оценка качества жизни у пациентов с обструктивным апноэ сна.* Eur Arch Otorhinolaryngol, 2012.

34. Здоровые люди 2020. *Здоровье окружающей среды.* 2013 [цит. по 20133];

Доступно из   : http://www.healthypeople.gov/2020/topicsobjectives2020/overview.aspx?topici d=12.

35. Кэмпбелл, Д.Ф., А. Бодли и К. Беркли, *Измерение качества жизни: Имеет ли значение местное качество окружающей среды?* 2007: Environmental Campaigns Limited (ENCAMS).

36. Грэм, К.Дж. и Д.А.Б. Фэллон. *Влияние психологических сильных сторон на здоровье и качество жизни пожилых австралийцев: The Relationships between these strengths, Health Status and Quality of Life in Older Australians Receiving Low-Level Comtunity Care.*   2007   [cited 20136   ]; Available from: http://www.strengthbasedstrategies.com/PAPERS/07Coralie%20Graham.pdf.

37. CG, K. и P. S, *Гендерные различия в факторах риска депрессии у пожилых*

людей, живущих в общине. J Korean Acad Nurs, 2012. **42**(1): p. 136-47.

38. J.K, D., *Распространенность и предикторы депрессии в популяциях пожилых людей: обзор.* Acta Psychiatrica Scandinavice, 2006. **113**(5): p. 372-87.

39. Blay, S.L. and M.S.M. MarchesoniII, *Ассоциация между физическими, психиатрическими и социально-экономическими условиями и баллами WHOQOL-Bref.* Cad. Saúde Pública, 2011. **27**(4).

40. A, B., et al., *Кросс-секционное исследование качества жизни в гериатрической популяции.* Indian J Cmmunity Med, 2007. **32**(2): p. 146-147.

41. ACS, D.P., *Calavid de vida en la atención al mayor.* Rev Mult Gerontol, 2003. **13**(3): p. 188-92.

42. Аснани М.Р., Липпс Г.Е. и Рид М.Е. *Полезность WHOQOL-BREF для измерения качества жизни при серповидно-клеточной болезни.* Здоровье и качество жизни, 2009. **7**: p. 75.

43. Б., Т., Д. АК, и Х. ИР, *Качество жизни у пожилых людей с раком и без него.* Qual Life Res, 2004. **13**(6): p. 1067-80.

44. Д., Д., К. Р. и П. Ж., *Качество жизни среди студентов литовских университетов.* Acta Medica Lituanica, 2003. **10**: p. 76-81.

45. Гинери-Коккоссис, М., и др., *Психометрические свойства опросника WHO-BREF в клинической и здоровой греческой популяциях: Включение новых пунктов, учитывающих культурные особенности.* PSYCHIATRIKI, 2012. **23**(2): p. 130-142.

46. Больница Национального Тайваньского университета. *Качество жизни и связанные с ним факторы у пациентов с большим депрессивным расстройством.* 2005 [cited 2013 11]; Available from: http://clinicaltrials.gov/ct2/show/record/NCT00172549.

47. RH, O., et al., *Оценка качества жизни у пожилых людей, живущих в общине: валидация инструмента оценки качества жизни (AQOL) и сравнение с SF-36.* J Clin Epidemiol, 2003. **56**(2): p. 138-47.

48. Чанг, Х.-Т., и др., *Корреляты качества жизни институционализированных пожилых ветеранов на Тайване.* Здоровье и качество жизни, 2010. **8**: p. 70.

49. WW, M., O. ES, и T. AK, *Гендерное профилирование качества жизни (QOL) посетителей первичного медицинского обслуживания (ПМО) в центральной Уганде: кросс-секционный анализ.* Африканские науки о здоровье, 2010. **10**(4): p. 374-385.

50. Нхат, П.Д., Д.Т.Т. Ван и Х.В.В. Ань, *Качество жизни людей, проживающих в районе Нинь Кьеу, город Кан Тхо, 2011.* Институт гигиены - общественное здравоохранение в Хошимине, 2011 г.

51. Нинь, Л.Х., *Исследование качества жизни в городе Хошимин во Вьетнаме в 2009 году.* "Социальные проблемы, определяющие состояние здоровья, 2009", 2009.

52. Перейра Р.Ж. и др., *Вклад физической, социальной, психологической и экологической сфер в общее качество жизни пожилых людей, Факультет питания и здоровья2006,* Федеральный университет Висозы: Бразилия.

53. Ся, П., и др. *Качество жизни жителей китайских городских общин: психометрическое исследование версии опросника WHOQOL-BREF на материковом китайском языке.* BMC Medical Research Methodology, 2012. **12**: p. 37.

54. Кусумаратна, Р.К., *Влияние физической активности на качество жизни пожилых людей.* Univ Med, 2008. **27**(2): p. 57-64.

55. Табах А. и др. *Качество жизни пациентов в возрасте 80 лет и старше после выписки из отделения интенсивной терапии.* Critical Care, 2010. **14**(1).

56. Чун, С. и др. *Вклад интеграции в сообщество в качество жизни участников программ адаптивного спорта на базе сообщества.* Журнал терапевтической рекреации, 2008. **XL II**(4): p. 217-226.

57. Наинг, М.М., С. Нантхамонгколчай и К. Мунсаваенгсуб, *Качество жизни пожилых людей в поселке Эйнме Ирравадейского района, Мьянма.* Азиатский журнал общественного здравоохранения, 2012. **1**(2).

58. P, S., et al., *качество жизни и депрессия пожилых людей в Таиланде 2003,* 2003.

59. Рашид, А. и А.А. Манан, *Качество жизни пожилых людей, проживающих в доме для престарелых в Пенанге, Малайзия.* Ближневосточный журнал по проблемам возраста и старения, 2013. **10**(2).

60. H, M., B. C, и B. Y, *Множественные хронические проблемы со здоровьем отрицательно связаны с качеством жизни, связанным со здоровьем (HRQoL), независимо от возраста.* Qual Life Res, 2001. **9**(10).

61. H, H., et al., *Определяется ли оценка глобального качества жизни эмоциональным статусом?* Qual Life Res, 2004. **13**(8): p. 1347-56.

62. EL, G., et al., *Social network and health realted quality of life in older adults: a population-based study in Spain.* Qual Life Res, 2005. **14**(2): p. 511-20.

63. Локаре, Л., М.С. Некар и В. Махеш, *Качество жизни и дни ограниченной активности среди пожилых людей.* Int J Biol Med Res, 2011. **2**(4): p. 1162-1164.

64. Нантхамонгколчай, С., и др. *Качество жизни государственных служащих, вышедших на пенсию раньше срока, в провинции Нонтхабури.* Журнал общественного здравоохранения, 2008. **38**(3).

65. NE, A., et al., *Качество жизни в различных группах женщин среднего возраста: оценка влияния менопаузы, состояния здоровья и психосоциальных и демографических факторов.* Qual Life Res, 2004. **13**(6): p. 1067-80.

66. У, Я., Х. ИР, и Вестергрен, *Общее качество жизни и качество жизни, связанное со здоровьем, среди пожилых людей, испытывающих боль.* Qual Life Res, 2004. **13**(1): p. 125-36.

67. С, В., et al., *Опросник WHOQOL-BREF: Нормы для французского взрослого населения по измерениям физического здоровья, психологического здоровья и социальных отношений.* Rev Epidemiol Sante Publique, 2010. **58**(1): p. 33-39.

68. JU, O., A. AW, и G. OM, *Субъективное качество жизни в общенациональной выборке жителей Кувейта с использованием короткой версии инструмента качества жизни ВОЗ.* Soc Psychiatry Psychiatr Epidemiol, 2009. **44**(8): p. 693-701.

69. Донгре, А.Р. и П.Р. Дешмукх, *Социальные детерминанты качества жизни пожилых людей в сельской местности Индии.* Индийский журнал паллиативной медицины, 2012. **18**(3): p. 181189.

70. Александре, Т.д.С., Р.К. Кордейро и Л.Р. Рамос, *Факторы, связанные с качеством жизни у активных пожилых людей.* Rev Saúde Pública, 2009. **43**(4): p. 613-21.

71. Кумар, Р.Н.К., и др., *Качество жизни при болезни Вильсона.* Ann Indian Acad Neurol, 2008. **11**(1): p. 37-40.

72. BA, K., M. SK, и I. RT, *Сравнение двух показателей качества жизни пациентов нигерийских клиник с сахарным диабетом 2 типа.* Afr Health Sci, 2009. **9**(3): p. 161-6.

73. Gureje, O., et al., *Determinants of quality of life of elderly Nigerians: results from the Ibadan Study of Ageing.* Afr J Med Med Sci, 2008. **37**(3): p. 239-247.

74. L, P., V. L, и M. AE, *Факторы, связанные с качеством жизни бразильских пожилых людей.* Int Nurs Rev, 2009. **56**(1): p. 109-15.RJ, R., *Качество жизни, связанное с окружающей средой и здоровьем: концептуальные и методологические сходства.* Soc Sci Med, 1995. **41**(10): p. 1373-82.

ИНДЕКС

Индекс 1: средний балл по четырем доменам КЖ в зависимости от социально-демографических характеристик

Социально-демографические характеристики	Среднее количество баллов (среднее ± SD)[a]			
	Физическая	Психологический аль	Социальные отношения	Окружающая среда
Гендер				
Мужчина	52.94 ± 13.38	57.02 ± 11.75	60.16 ± 14.06	54.34 ± 11.73
Женщина	53.69 ± 10.9	57.66 ± 10.89	60.71 ± 14.15	54.16 ± 10.86
Р-значение*	0.94	0.80	0.79	0.77
Возрастная группа				
<70	56.57 ± 10.25	59.33 ± 10.63	62.71 ± 13.80	55.09 ± 11.30
>=70	50.59 ± 12.96	55.67 ± 11.61	58.54 ± 14.07	53.55 ± 11.23
Р-значение*	**0.000**	**0.005**	**0.008**	0.39
Семейное положение				
Одиночка	53.60 ± 12.09	57.56 ± 11.34	60.60 ± 13.92	54.52 ± 11.12
Женат	51.79 ± 12.52	56.16 ± 11.10	59.60 ± 15.11	52.72 ± 12.09
Р-значение	0.28	0.58	0.79	0.62
Профессия				
Правительство офицеры	53.38 ± 12.18	57.94 ± 11.65	60.72 ± 14.10	55.10 ± 11.27
Другие	53.08 ± 12.15	54.94 ± 9.46	59.32 ± 14.10	50.79 ± 10.69
Р-значение	0.86	**0.04**	0.34	**0.01**
Образование				
Колледж/Интермедиа ел в школе и меньше	52.51 ± 12.12	55.66 ± 11.05	58.57 ± 14.65	52.48 ± 11.23

До или после окончания университета	54.51 ± 12.14	59.80 ± 11.26	63.18 ± 12.80	56.84 ± 10.87
Р-значение	0.16	**0.000**	**0.01**	**0.001**
Жилищное обустройство				
В одиночестве	51.49 ± 15.03	53.12 ± 13.31	59.72 ± 14.14	53.12 ± 12.78
Семья	53.40 ± 12.04	57.52 ± 11.20	60.47 ± 14.11	54.30 ± 11.23
Р-значение	0.48	0.19	0.77	0.90

Индекс 2: Корреляция между 4 доменами ЮЖ по полу, возрастной группе, уровню образования и профессии

[a]Оценка в диапазоне от 0-100

[*]Тест Ман-Уитни

Мужчина				
QoL	**1**	**2**	**3**	**4**
1.Физический	**1.00**			
2.Психологический	0.65	**1.00**		
3.Социальный	0.45	0.51	**1.00**	
4.Экология	0.49	0.58	0.48	
Famale				
QoL	**1**	**2**	**3**	**4**
1.Физический	**1.00**			
2.Психологический	0.58	**1.00**		
3.Социальный	0.37	0.55	**1.00**	
4.Экология	0.48	0.65	0.43	**1.00**

Возраст<70				
QoL	**1**	**2**	**3**	**4**
1.Физический	**1.00**			
2.Психологический	0.63	**1.00**		
3.Социальный	0.44	0.58	**1.00**	
4.Экология	0.52	0.63	0.45	
Возраст≥70 лет				

QoL	1	2	3	4
1.Физический	1.00			
2.Психологический	0.57	1.00		
3.Социальный	0.35	0.47	1.00	
4.Экология	0.45	0.58	0.48	1.00
Государственные чиновники				
QoL	1	2	3	4
1.Физический	1.00			
2.Психологический	0.62	1.00		
3.Социальный	0.41	0.52	1.00	
4.Экология	0.51	0.63	0.48	
Другие				
QoL	1	2	3	4
1.Физический	1.00			
2.Психологический	0.58	1.00		
3.Социальный	0.41	0.58	1.00	
4.Экология	0.42	0.50	0.37	1.00
Колледж/средняя школа и меньше				
QoL	1	2	3	4
1.Физический	1.00			
2.Психологический	0.58	1.00		
3.Социальный	0.42	0.54	1.00	
4.Экология	0.45	0.62	0.43	
Постдипломное образование				
QoL	1	2	3	4
1.Физический	1.00			
2.Психологический	0.64	1.00		
3.Социальный	0.38	0.46	1.00	
4.Экология	0.51	0.59	0.46	1.00

Все корреляции показали статистически значимые различия при p-значении теста Спирмена <0,001

Индекс 3:
ФОРМА СБОРА ОБЩЕЙ ИНФОРМАЦИИ И КАЧЕСТВО ЖИЗНИ ПОЖИЛЫХ ЛЮДЕЙ, ПРОЖИВАЮЩИХ В КОММУНЕ ТРАНГ ТУ, ГОРОД ХА-НОЙ, 2012 ГОД

I. Вопрос для скрининга		
Q1. Возраст	.	
Q2. Как давно вы живете в городе Ха Ной?		<1 год
		>=1 лет
II. Общая информация		
Q3. Каков ваш пол?	1: Мужчина	2: Женщина
Q4. Какое высшее образование вы получили?		
Уровень средней школы или ниже	1	
Колледж/средняя школа	2	
До или после окончания учебы	3	
Q5. Кем вы работали до выхода на пенсию?		
Государственные служащие	1	
Рабочий	2	
Предприятие	3	
Самостоятельная работа	4	
Домашний мастер	5	
Другие (укажите: ....)	6	
Q6. Каково ваше семейное положение в настоящее время?		
Женат	1	
Одиночка	2	
Q7. С кем вы живете в настоящее время?		
Муж/жена	1	
Дети	2	
Муж/жена и дети	3	
Родственники	4	
В одиночестве	5	

Следующие вопросы касаются того, как вы относитесь к качеству жизни, здоровью или другим сферам вашей жизни. Пожалуйста, выберите ответ, который кажется вам наиболее подходящим. Если вы не уверены в том, какой ответ дать на вопрос, первый пришедший вам в голову ответ часто оказывается лучшим.

Пожалуйста, не забывайте о своих стандартах, надеждах, удовольствиях и заботах. Мы просим вас подумать о своей жизни за последние четыре недели.

		Очень плохо	Бедный	ни плохой, ни хороший	Хорошо	Очень хорошо
A1.	Насколько вы удовлетворены качеством своей жизни?	1	2	3	4	5

		Очень недовольны	Неудовлетворенность	Не удовлетворенный и не	удовлетворен	Очень довольны
A2.	Насколько вы удовлетворены своим здоровьем?	1	2	3	4	5

Следующие вопросы касаются того, **насколько сильно** вы переживали определенные вещи за **последние четыре недели**.

		Совсем нет	Немного	Умеренное количество	Очень	Чрезвычайное количество
A3.	В какой степени вы чувствуете, что физическая боль мешает вам делать то, что нужно?	5	4	3	2	1
A4.	Насколько сильно вы нуждаетесь в медицинском лечении, чтобы функционировать в повседневной жизни?	5	4	3	2	1
A5.	Насколько вы наслаждаетесь жизнью?	1	2	3	4	5
A6.	В какой степени вы считаете свою жизнь	1	2	3	4	5

	осмысленной?					
		Совсем нет	Немного	Amoderate сумма	Очень	Чрезвычайно
А7.	Насколько хорошо вы умеете концентрироваться?	1	2	3	4	5
А8.	Насколько безопасно вы чувствуете себя в повседневной жизни?	1	2	3	4	5
А9.	Насколько здоровым является ваше физическое окружение?	1	2	3	4	5

1 спос обн ый	Где следующие вопросы касаются того, насколько полно вы ощущали или выполняли определенные действия в течение **последних четырех недель**.					
		Совсем нет	Немного	Умеренно	В основном	Полностью
А10.	Достаточно ли у вас энергии для повседневной жизни?	1	2	3	4	5
А11.	Способны ли вы принять свою внешность?	1	2	3	4	5
А12.	Достаточно ли у вас денег, чтобы удовлетворить свои потребности?	1	2	3	4	5
А13.	Насколько доступна для вас информация, которая необходима вам в повседневной жизни?	1	2	3	4	5
А14.	В какой степени у вас есть возможность для проведения досуга?	1	2	3	4	5

		Очень плохо	Бедный	[ни плохой, ни хороший	Хорошо	Очень хорошо
А15.	Насколько хорошо вы умеете передвигаться?	1	2	3	4	5
		Очень недовольны	Недовольные	Ни удовлетворен, ни не удовлетвор	Удовлетворенный	Очень довольны

				ен		
A16.	Насколько вы удовлетворены своим сном?	1	2	3	4	5
A17.	Насколько вы удовлетворены своей способностью выполнять повседневную деятельность?	1	2	3	4	5
A18.	Насколько вы удовлетворены своей работоспособностью?	1	2	3	4	5
A19.	Насколько вы довольны собой?	1	2	3	4	5
A20.	Насколько вы удовлетворены своими личными отношениями?	1	2	3	4	5
A21.	Насколько вы удовлетворены своей сексуальной жизнью?	1	2	3	4	5
A22.	Насколько вы удовлетворены поддержкой, которую вам оказывают друзья?	1	2	3	4	5
A23.	Насколько вы удовлетворены условиями проживания?	1	2	3	4	5
A24.	Насколько вы удовлетворены доступом к медицинским услугам?	1	2	3	4	5
A25.	Насколько вы довольны своим транспортом?	1	2	3	4	5

Следующий вопрос касается того, как часто за последние четыре недели вы чувствовали или переживали определенные вещи.

		Никогда	Редко	Довольно часто	Очень часто	Всегда
A26.	Как часто вы испытываете негативные чувства, такие как плохое настроение, отчаяние, тревога, депрессия?	5	4	3	2	1

Есть ли у вас какие-либо комментарии по поводу оценки?

Индекс 4: Выставление баллов по опроснику WHOQOL-BREF

		Уравнения для вычисления домена	Сырье	Преобразованный	
				4-20	0-100
1	**Домен1**	(6-Q3)+ (6-Q4) + Q10+Q15+Q16+Q17+Q18	a.=	b:	c:
2	**Домен2**	Q5 +Q6 +Q7+ Q11 +Q19 +(6-Q26) t+ ^+ ^+^+^+^+^	a.=	b:	c:
3	**Домен3**	Q20+ Q21+ Q22 t+ ^+ ^	a.=	b:	c:
4	**Домен4**	Q8 +Q9 +Q12 +Q13 +Q14 + Q23 +Q24+ Q25	a.=	b:	c:

Индекс 5: Метод преобразования сырых баллов в преобразованные баллы

Сырье Оценка	Trasnformed баллы	
	4-20	0-100
8	5	6
9	5	6
10	6	13
11	6	13
12	7	19
13	7	19
14	8	25
15	9	31
16	9	31
17	10	38
18	10	38
19	11	44
21	12	50
22	13	56
23	13	56
24	14	63
25	14	63
26	15	69
27	15	69
28	16	75
29	17	81
30	17	81
31	18	88

33	19	94
34	19	94
35	20	100

Сырье оценка	Trasnformed баллы	
	4-20	0-
7	5	6
8	5	6
9	6	13
10	7	19
11	7	19
12	8	25
13	9	31
14	9	31
15	10	38
16	11	44
17	11	44
18	12	50
20	13	56
21	14	63
22	15	69
23	15	69
24	16	75
25	17	81
26	17	81
27	18	88
28	19	94
29	19	94
30	20	100

Сырье оценка	Преобразованный баллы	
	4-20	0-
4	5	6
5	7	19
6	8	25
7	9	31
8	11	44
9	12	50
10	13	56
11	15	69
12	16	75
13	17	81
14	19	94
15	20	100

Сырье оценка	Преобразованный баллы	
	4-20	0-
9	5	6
10	5	6
11	6	13
12	6	13
13	7	19
14	7	19
15	8	25
16	8	25
17	9	31
18	9	31
19	10	38
20	10	38
22	11	44
23	12	50
24	12	50
25	13	56
26	13	56
27	14	63
28	14	63
29	15	69
30	15	69
31	16	75
32	16	75
34	17	81
35	18	88
36	18	88
38	19	94
39	20	100
40	20	100

Индекс 6: Руководство по проведению глубинного интервью с пожилыми людьми о качестве жизни

1. Не могли бы вы рассказать о себе (возраст, образование, место жительства, род занятий до выхода на пенсию и семейное положение)?
2. Как бы вы описали свою жизнь, которой живете сейчас?
3. Почему вы так говорите?
4. Какова ваша нынешняя жизнь?
5. Что в вашей нынешней жизни не очень хорошо?
6. Могли бы вы рассказать о физическом здоровье, например, о зависимости от медицинского лечения, повседневной деятельности, трудоспособности в настоящее время?
7. Могли бы вы рассказать о психологическом здоровье, таком как ваши чувства, убеждения, память, самооценка в настоящее время?
8. Могли бы вы рассказать о социальном здоровье, таком как личные отношения, сексуальная жизнь и социальная поддержка в настоящее время?
9. Могли бы вы рассказать об экологическом здоровье, таком как финансовые ресурсы, домашняя обстановка, транспорт, доступ к медицинским услугам, предоставление информации и навыков, физическое окружение и т.д. в настоящее время?
10. Что улучшает ваше качество жизни?
11. Что ухудшает ваше КЖ?
12. Почему вы так говорите?
13. По вашему мнению, почему существуют различия в QoL по социально-демографическим характеристикам?

Printed by Books on Demand GmbH, Norderstedt / Germany